CURSO DE ESPAÑOL PARA NIÑAS Y NIÑOS

LIBRO DE CLASE Y CUADERNO DE EJERCICIOS

# LOLA y LEO

## PASO A PASO

## Inicial

difusión

LOLA y LEO PASO A PASO Inicial


CON LA APORTACIÓN DE

**Actividades didácticas**
Daiane Reis, Ana Vargas

**Ilustración**
Luna Lag

**Fotografía**
Tanais R. Rojas

**Diseño interior**
Elisenda Galindo, La Japonesa

**Maquetación**
La Japonesa

**Corrección**
Pablo Sánchez

**Composición de las canciones y voz**
Anna Roig

**Arreglos y ejecución musical**
Cadu Medeiros

**Mezcla y masterización**
Magí Batalla

**Edición y producción de los vídeos**
Professor Film

**Realización de actividades manuales**
Sharon Lunn

COORDINACIÓN EDITORIAL
Y REDACCIÓN
Clara Serfaty

MIXTO
Papel | Apoyando la silvicultura responsable
FSC® C019520
FSC www.fsc.org





ISBN: 978-84-1157-180-7
Impreso en la UE

# REVISIÓN PEDAGÓGICA Y ASESORÍA

**Karina Bustamante**
NLCS Dubai (Emiratos Árabes Unidos)

**Andrea Mercado Yances**
Escuelas Nesibe Aydin (Ankara, Turquía)

**Sònia Reig Jou**
Instituto Cervantes (Utrecht, Países Bajos)

**Mirna Vanesa Salotti**
Collège Rabbi Guershon, École Nathanel (Metz, Francia)

**Dra. Magdalena Bąk**
Educrea Centro Educativo (Pysznica, Polonia)

**Rossana Caballero Galván**
TED ATAKENT (Estambul, Turquía)

**Sara Loreto Martínez Bavière**
Liceo Francés (Madrid, España)

**Viviane Marques Barel**
Colégio Monteiro Lobato (Porto Alegre, Brasil)

**Raquel Meirose**
IENH - Instituição Evangélica de Novo Hamburgo (Novo Hamburgo, Brasil)

**María Alejandra Meneses Delgado**
TED ATAKENT (Estambul, Turquía)

**Eliana Christen de Souza**
Escola Barão do Rio Branco (Blumenau, Santa Catarina; Brasil)

**Renan Righi**
Colégio Spinosa (São Paulo, Brasil)

**Elena Sánchez Bailleul**
Liceo Francés (Madrid, España)

**María José del Val**
Liceo Francés (Madrid, España)

Fundación ONCE
Asociación de Sordos de Madrid

**LOLA y LEO** PASO A PASO **Inicial** es un curso preparatorio concebido para que niñas y niños de 5 y 6 años se familiaricen con la lengua española usando el juego, la creatividad y la imaginación en un entorno reconocible y familiar; y todo ello poniendo especial atención a la diversidad del aula y del mundo.

**LOLA y LEO** PASO A PASO **Inicial** propone juegos, canciones y vídeos originales, interesantes aportes culturales y una amplia variedad de dinámicas lúdicas, creativas y comunicativas que ponen el foco en las inteligencias emocional, social y afectiva de ese alumnado, que se encuentra en un momento clave de su desarrollo emocional y cognitivo.

Recursos para estudiantes y docentes

## campus difusión

- ✓ Libro digital interactivo
- ✓ Audios y vídeos
- ✓ Transcripciones de los audios
- ✓ Letras de las canciones
- ✓ Edición anotada para docentes

# 1, 2, 3, ¡YA!

p. 14

| LÉXICO | |
|---|---|
| **MIS PALABRAS** p. 16 | •Los números del 1 al 10. •Trabajar la comprensión auditiva y la pronunciación. •Ejercitar la memoria y trabajar la atención y la conciencia espacial. |
| **CANTA Y JUEGA** p. 17 | •Repasar los números del 1 al 10. •Trabajar la comprensión auditiva y la pronunciación. •Fijar el léxico a través de actividades de respuesta física total. |
| **GRAMÁTICA Y COMUNICACIÓN** | |
| **EL CÓMIC** p. 18 | •Conocer el léxico en contexto. •Estimular la comprensión de lectura de imágenes. •Saludar y despedirse: **¡Hola!, ¡Adiós!** •Presentarse. •Decir y preguntar el nombre: **Me llamo... ¿Y tú?** •El verbo **tener**. •Decir la edad: **Tengo... años.** |
| **CANTA Y JUEGA** p. 19 | •Decir y preguntar el nombre. •Trabajar la comprensión auditiva y la pronunciación. |
| **CONTENIDOS TRANSVERSALES** | |
| **Explora...** p. 20 | •Desarrollar las capacidades lógicas y matemáticas: secuenciación numérica y clasificación de los elementos. |
| **REPASO** | |
| **y practica** p. 21 | •Hacer una actividad creativa y trabajar la motricidad fina. •Hacer una presentación para repasar los saludos, las despedidas. •Repasar la pronunciación. |
| **ACTIVIDADES MANUALES** | |
| **CON LAS MANOS** 1, 2, 3... ¡A jugar! pp. 22-23 | •Desarrollar la creatividad. •Trabajar la motricidad fina, desarrollar la coordinación y el equilibrio. •Repasar los números del 1 al 10 y practicar las secuencias numéricas. •Desarrollar la competencia cívica: reutilizar materiales y reciclar. |
| **CONTENIDOS ARTÍSTICOS Y CULTURALES** | |
| **DESCUBRIR EL MUNDO** El cumpleaños p. 24 | •Aprender la canción del cumpleaños en español. •Identificar los elementos típicos de las fiestas de cumpleaños. |
| **EDUCACIÓN EN VALORES** | |
| **¡CRECEMOS!** Digo hola y adiós p. 25 | •Ejercitar el desarrollo grafomotriz. •Trabajar la importancia de decir **¡Hola!** y **¡Adiós!** |

| CUADERNO DE EJERCICIOS | RECORTABLES | PEGATINAS |
|---|---|---|
| pp. 62-67 | p. 81 | p. 98 |

# 2 MI COLOR FAVORITO

p. 26

| LÉXICO | |
|---|---|
| **MIS PALABRAS** p. 28 | • Los colores: **rojo**, **amarillo**, **naranja**, **verde**, **azul**, **lila**, **rosa**, **marrón**, **negro**, **blanco**. • Trabajar la comprensión auditiva y la pronunciación. • Ejercitar la memoria y trabajar la atención y la conciencia espacial. |
| **CANTA Y JUEGA** p. 29 | • Repasar los colores. • Trabajar la psicomotricidad fina. • Trabajar la comprensión auditiva y la pronunciación. • Fijar el léxico a través de una actividad de identificación y repetición. |
| **GRAMÁTICA Y COMUNICACIÓN** | |
| **EL CÓMIC** p. 30 | • Conocer el léxico en contexto. • Estimular la comprensión de lectura de imágenes. • Expresar gustos: **¡Qué bonito/a...!** • Preguntar por las preferencias: **¿Cuál es tu color favorito?** • Agradecer y responder: **¡Gracias!**, **De nada.** • Expresar necesidades con el verbo **tener**: **¿Tienes azul?** |
| **CANTA Y JUEGA** p. 31 | • Decir y preguntar el nombre. • Repasar los colores. • Expresar gustos y preguntar por las preferencias. • Dar las gracias y responder. • Trabajar la comprensión auditiva y la pronunciación. • Desarrollar la interacción oral. |
| **CONTENIDOS TRANSVERSALES** | |
| **Explora...** p. 32 | • Elementos, fenómenos y espacios del entorno natural: descubrir el arcoíris. • Trabajar la comprensión auditiva y hablar sobre los conceptos del sol y la lluvia. • Experimentar y mezclar colores para conseguir otros nuevos. |
| **REPASO** | |
| **y practica** p. 33 | • Hacer una actividad creativa y trabajar la motricidad fina y la pronunciación. • Repasar los saludos, las despedidas y las presentaciones. |
| **ACTIVIDADES MANUALES** | |
| **CON LAS MANOS** Bingo de colores pp. 34-35 | • Desarrollar la creatividad. • Trabajar la motricidad fina y desarrollar la comprensión oral. • Repasar los colores. • Desarrollar la competencia cívica: reutilizar materiales y reciclar. |
| **CONTENIDOS ARTÍSTICOS Y CULTURALES** | |
| **DESCUBRIR EL MUNDO** Alebrijes en México p. 36 | • Fomentar el gusto por las artes y desarrollar la competencia artística. • Conocer un elemento típico de la artesanía tradicional mexicana: los alebrijes. • Ejercitar la creatividad mediante el concepto de figuras fantásticas. • Desarrollar la observación y la comprensión auditiva e identificar los colores. • Potenciar la creatividad y la expresión oral: pinto y presento mi alebrije. |
| **EDUCACIÓN EN VALORES** | |
| **¡CRECEMOS!** Comparto mis cosas p. 37 | • Valorar la importancia de compartir. • Trabajar la observación y estimular la competencia crítica. • Desarrollar el valor de la responsabilidad y la afectividad hacia los/as demás. |

| CUADERNO DE EJERCICIOS | RECORTABLES | PEGATINAS |
|---|---|---|
| pp. 68-71 | pp. 83, 85 | p. 99 |

# 3 Mi MOCHiLA

p. 38

| LÉXICO | |
|---|---|
| **MIS PALABRAS** p. 40 | • El material escolar: **mochila, libro, cuaderno, estuche, lápiz, goma, tijeras, pegamento, lápices de colores.** • Trabajar la comprensión auditiva y la pronunciación. • Ejercitar la memoria y trabajar la atención y la conciencia espacial. |
| **CANTA Y JUEGA** p. 41 | • Repasar el material escolar. • Desarrollar la conciencia fonética y la pronunciación: dividir las palabras en sílabas. • Trabajar la comprensión auditiva y fijar el léxico a través de dinámicas de respuesta física total. • Desarrollar la coordinación. |
| **GRAMÁTICA Y COMUNICACIÓN** | |
| **EL CÓMIC** p. 42 | • Conocer el léxico en contexto. • Estimular la comprensión de lectura de imágenes. • Expresar gustos: **¡Qué bonito/a...!, Mi color favorito es...** • Preguntar y expresar localización y distancia: **¿Dónde está...? Está aquí / allí.** • Expresar posesión: **Mi mochila, Tu estuche.** |
| **CANTA Y JUEGA** p. 43 | • Repasar e identificar el material escolar. • Expresar posesión. • Desarrollar la conciencia espacial: preguntar y expresar localización y distancia. • Trabajar la comprensión auditiva y la pronunciación. |
| **CONTENIDOS TRANSVERSALES** | |
| **Explora...** p. 44 | • Practicar la comprensión auditiva. • Desarrollar habilidades espaciales, la orientación y el concepto de distancia: **cerca, lejos.** • Observar y conocer el entorno personal y el espacio que nos rodea. |
| **REPASO** | |
| **y practica** p. 45 | • Repasar el léxico del material escolar, los colores y los números. • Practicar la comprensión auditiva y la pronunciación. • Trabajar la atención y la motricidad fina. |
| **ACTIVIDADES MANUALES** | |
| **CON LAS MANOS** ¿Dónde está? pp. 46-47 | • Desarrollar la creatividad. • Trabajar la motricidad fina y desarrollar la coordinación y el equilibrio. • Repasar los números del 1 al 10 y practicar las secuencias numéricas. |
| **CONTENIDOS ARTÍSTICOS Y CULTURALES** | |
| **DESCUBRIR EL MUNDO** Federico Uribe p. 48 | • Desarrollar la competencia cultural y artística: conocer a un artista colombiano. • Observar una obra de arte y trabajar la competencia crítica. • Fomentar la creatividad y el gusto por las artes. |
| **EDUCACIÓN EN VALORES** | |
| **¡CRECEMOS!** Cuido mi material p. 49 | • Valorar la importancia de cuidar nuestras cosas. • Trabajar la observación y estimular la competencia crítica. • Desarrollar el valor de la responsabilidad. • Estimular la organización y el orden. |

| CUADERNO DE EJERCICIOS | RECORTABLES | PEGATINAS |
|---|---|---|
| pp. 72-75 | pp. 87, 89, 91 | p. 102, 107 |

# 4 ¿TE GUSTA EL MAR?

p. 50

| LÉXICO | |
|---|---|
| **MIS PALABRAS** p. 52 | • Animales marinos: **pez, tiburón, cangrejo, pulpo, delfín, ballena, tortuga, estrella de mar.** • Trabajar la comprensión auditiva y la pronunciación. • Ejercitar la memoria y trabajar la atención y la conciencia espacial. |
| **CANTA Y JUEGA** p. 53 | • Repasar los animales marinos. • Desarrollar la conciencia corporal y la coordinación y fijar el léxico a través de actividades de respuesta física total. • Practicar la comprensión auditiva y la pronunciación. |
| **GRAMÁTICA Y COMUNICACIÓN** | |
| **EL CÓMIC** p. 54 | • Conocer el léxico en contexto. • Estimular la comprensión de lectura de imágenes. • Expresar gustos: **Me gustan las tortugas.** • Expresar acuerdo: **A mí también.** • Expresar negación: **No me gustan los cangrejos.** • Preguntar y expresar localización y distancia: **¿Dónde está(n)? Aquí / Allí.** |
| **CANTA Y JUEGA** p. 55 | • Repasar los colores, los animales marinos y el material escolar. • Preguntar y expresar gustos. • Identificar los gustos y fomentar la observación. • Trabajar la comprensión auditiva y la pronunciación. |
| **CONTENIDOS TRANSVERSALES** | |
| **Explora...** p. 56 | • Identificar animales acuáticos y terrestres y reconocer su hábitat. • Estimular la educación ambiental y el cuidado del entorno natural. • Desarrollar la coordinación y la capacidad de relación. |
| **REPASO** | |
| **y practica** p. 57 | • Repasar el léxico de los animales marinos, los colores y los fenómenos naturales. • Fomentar la interacción oral: expresar gustos y preguntar por los gustos de otros/as. • Trabajar la educación emocional: identificar y expresar las emociones. • Practicar la expresión oral y la pronunciación. |
| **ACTIVIDADES MANUALES** | |
| **CON LAS MANOS** Mural de animales marinos pp. 58-59 | • Practicar el léxico de los animales marinos. • Entrenar la coordinación motora, estimular la creatividad y la imaginación. • Practicar la expresión y la interacción oral a través del trabajo en equipo. |
| **CONTENIDOS ARTÍSTICOS Y CULTURALES** | |
| **DESCUBRIR EL MUNDO** El animal más grande del mundo p. 60 | • Conocer la ballena azul y algunas de sus características principales. • Trabajar la comprensión auditiva. • Desarrollar la observación y la identificación. • Ejercitar el desarrollo grafomotriz y repasar los números. |
| **EDUCACIÓN EN VALORES** | |
| **¡CRECEMOS!** No tiro basura al suelo p. 61 | • Desarrollar la competencia cívica: el cuidado del medioambiente, el valor de la responsabilidad, el desarrollo de la empatía, el respeto y la conciencia de futuro. • Concienciar sobre la importancia de reciclar y de no tirar la basura al suelo. |

| **CUADERNO DE EJERCICIOS** | **RECORTABLES** | **PEGATINAS** |
|---|---|---|
| pp. 76-79 | p. 93 | pp. 103, 106 |

# CÓMO SON LAS UNIDADES DE LOLA y LEO PASO A PASO Inicial

Cada unidad se abre con una **ilustración** a doble página que **introduce los contenidos de la unidad.** Contiene, además, una **pista de audio** con sonidos para **activar los conocimientos previos** del alumnado.

La sección **MIS PALABRAS** presenta el léxico de la unidad a través de un **vídeo original** y de **actividades pautadas.**

**CANTA Y JUEGA** dedica una **canción** al léxico aprendido para fijarlo **cantando y jugando.**

La sección **EL CÓMIC** presenta **en contexto los contenidos gramaticales y comunicativos** de la unidad. Las escenas parten de la ilustración principal y reflejan situaciones cotidianas fácilmente reconocibles por el alumnado.

**CANTA Y JUEGA** dedica una **canción** a los contenidos trabajados en **EL CÓMIC** para fijarlos **cantando y jugando.**

La sección **Explora...** está dedicada a trabajar **contenidos transversales**, como la práctica de secuencias numéricas y la clasificación de los elementos, la observación de fenómenos y espacios del entorno natural, el desarrollo de las habilidades espaciales y la orientación o la identificación del hábitat de los animales.

En la sección **y practica**, se **retoman los contenidos más importantes de la unidad** mediante **juegos y dinámicas lúdicas y creativas.**

**CON LAS MANOS** propone una **actividad manual artística** y con un **objetivo comunicativo** para reactivar los contenidos trabajados a lo largo de la unidad.

**DESCUBRIR EL MUNDO** es un apartado dedicado a desarrollar las **competencias artísticas, críticas y culturales** desde una amplia variedad de temas, relacionados en su mayoría con España y Latinoamérica.

La sección **¡CRECEMOS!** tiene como objetivo desarrollar la **inteligencia emocional, las habilidades personales y la competencia cívica** del alumnado.

El **CUADERNO DE EJERCICIOS** propone numerosas **actividades prácticas para repasar y fijar** los contenidos de cada unidad.

## LOLA y LEO PASO A PASO Inicial

ofrece, además, dos divertidos anexos que permiten llevar a cabo algunas actividades de las unidades: uno de **material recortable** y otro de **pegatinas.**

En las páginas de pegatinas se incluyen **propuestas de evaluación** para que, ya desde estas edades, niñas y niños adquieran conciencia personal y desarrollen sus primeras estrategias de aprendizaje:

- **evaluación** afectiva

- **autoevaluación** por contenidos

# LOLA Y LEO

## PASO A PASO

## INICIAL

# 1 1, 2, 3, ¡YA!

1

# MIS PALABRAS

1 Miro y escucho.

2 Escucho y señalo. 2

3 Pego.

1 Escucho, canto y juego. 3

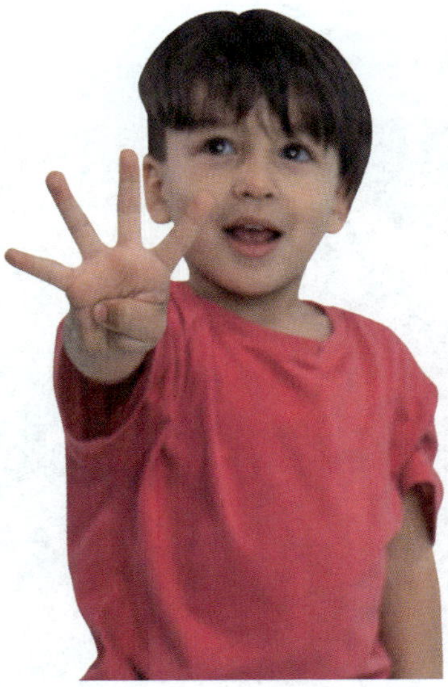

1 Miro y escucho . 4

# En el parque

1 Escucho , canto y juego . 5

1

# Explora...

**1** Busco y escribo el número.

| | | |
|---|---|---|
|  2 |  ........ |  ........ |
|  ........ |  ........ |  ........ |
|  ........ |  ........ |  ........ |

# y practica

1 Recorto y juego.

# CON LAS MANOS

## 1, 2, 3... ¡A jugar!

1 Recorto .

2 Escribo .

3 Pinto .

4 Pego .

## 5 Juego .

## El cumpleaños 6

1 Miro, marco el intruso y escucho.

# ¡CRECEMOS!

## Digo hola y adiós.

1 Repaso y escucho . 7

HOLA

ADIÓS

2 Escucho y pego . 8

# 2 MI COLOR FAVORITO

9

# MIS PALABRAS

1 Miro y escucho .

2 Escucho y señalo . 10

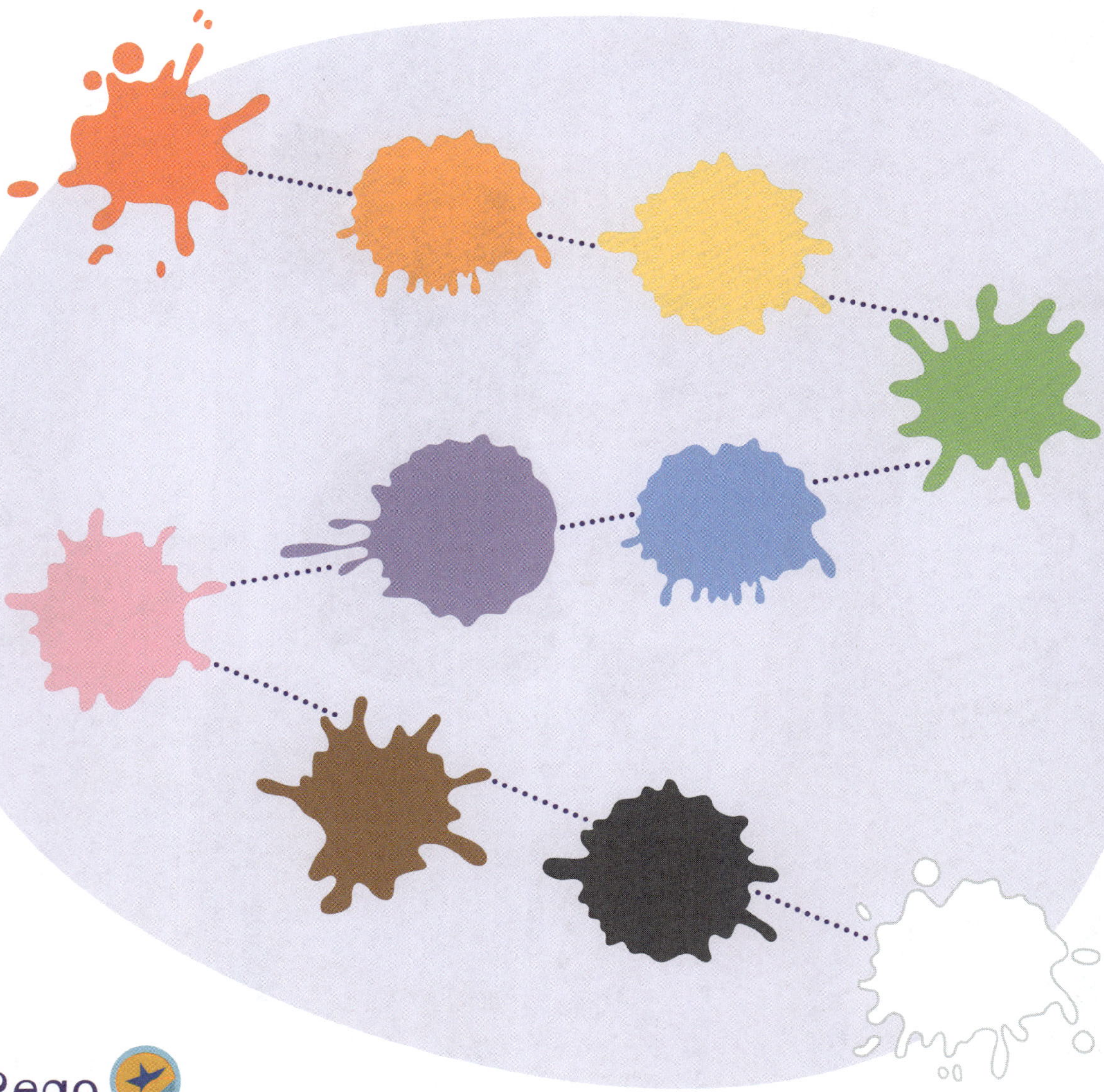

3 Pego .

1 Escucho , canto y recorto . 11

2 Escucho , canto y juego . 12

1 Miro, escucho y coloreo. 13

# La flor amarilla

1 Escucho, canto y señalo. 14

2 Recorto, pregunto y coloreo. 15

2

# Explora...

1 Miro, escucho y pego. 16

2 Miro y coloreo.

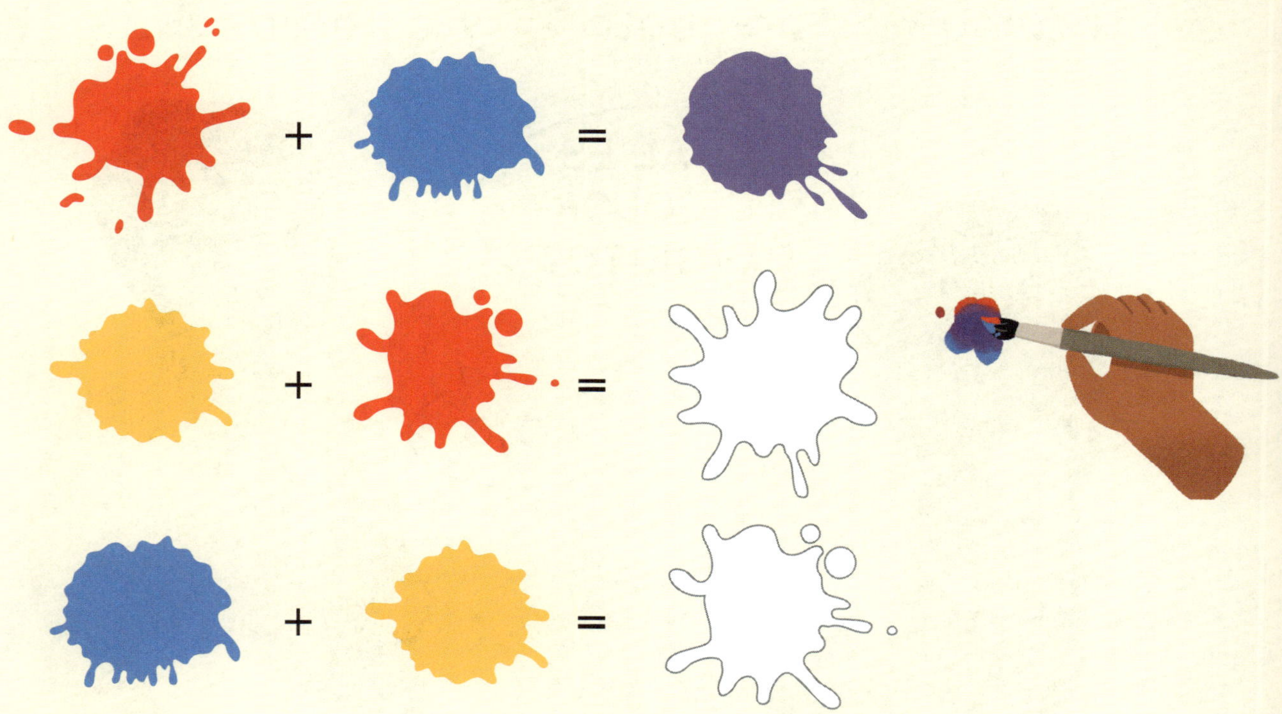

3 Pinto mi arcoíris.

# y practica

1 Coloreo mi flor.

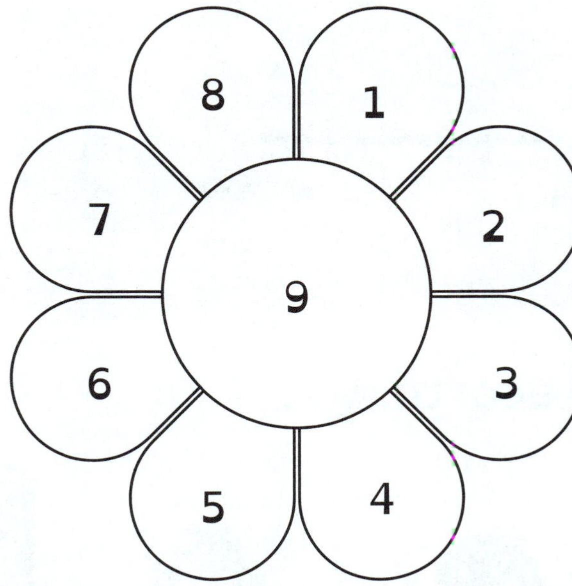


2 Pregunto y coloreo como tu flor.

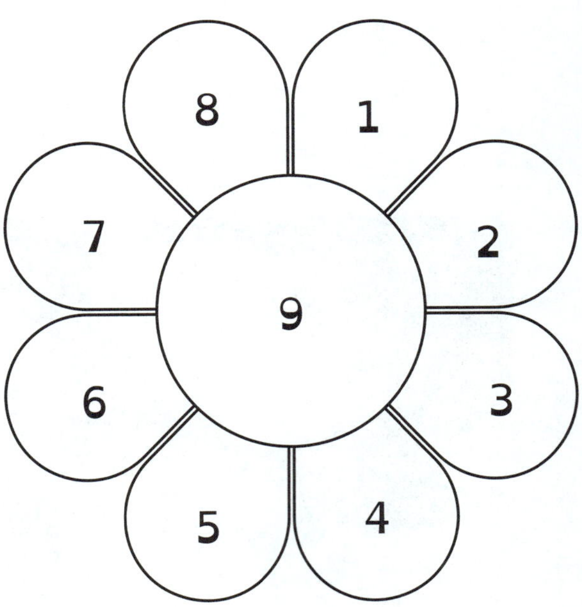

# CON LAS MANOS

## Bingo de colores

1 Recorto  .

2 Pinto  .

## 3 Escucho a mi profe y juego.

## Alebrijes de México

1 Miro , escucho y marco . 17

2 Coloreo y presento .

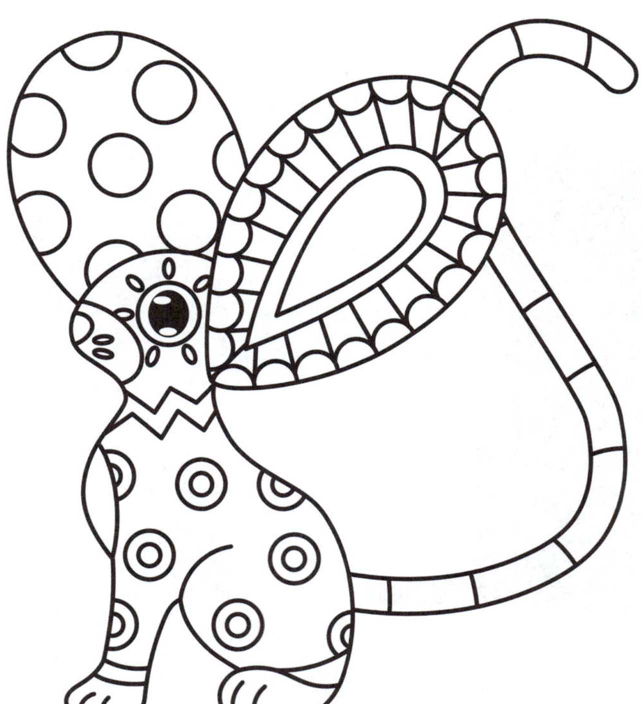

# Comparto mis cosas.

1 Miro y marco .

1

○ SÍ ○ NO

2

○ SÍ ○ NO

3

○ SÍ ○ NO

4

○ SÍ ○ NO

3

# MI MOCHILA

18

1
K-T

# MIS PALABRAS

1 Miro y escucho .

2 Escucho y señalo . 19

3 Pego .

1 Escucho y canto . 20

2 Escucho , canto y juego . 21

1 Miro, escucho y coloreo. 22

# Una sorpresa en la mochila

1 Escucho, canto y pego. 23

3

# Explora...

1 Escucho y marco . 24

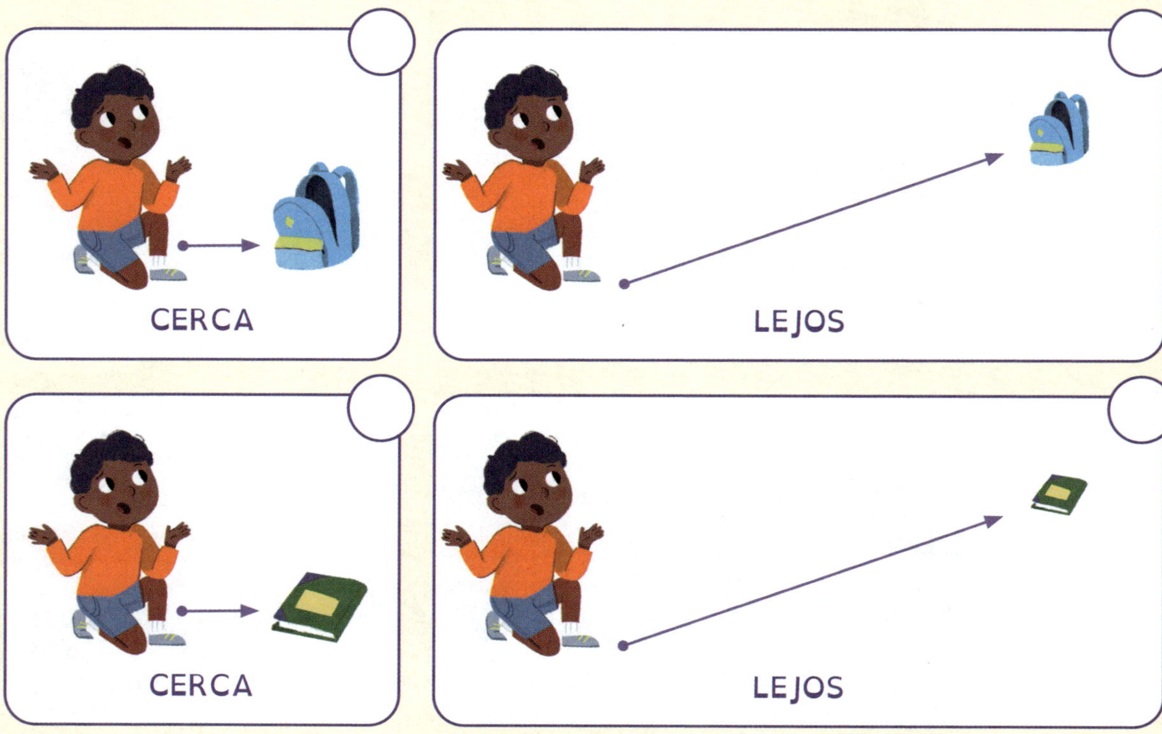


2 Miro por la ventana y dibujo : VEO, VEO... Presento .

CERCA

LEJOS

# y practica

1 Escucho y escribo el número. 25

2 Miro los números y coloreo los materiales.

1 2 3 4 5 6 7

3 Escucho y repito. 26

# CON LAS MANOS

## ¿Dónde está?

1 Recorto y coloreo el color que falta.

2 Recorto y pego .

## 4 Juego y hablo.

# 3 DESCUBRIR EL MUNDO

## Federico Uribe

**1** Miro y hablo.

¿QUÉ VES?

¿QUÉ COLORES VES?

¿TE GUSTA?

**2** Dibujo y pego.

**¡SOY ARTISTA!**

# ¡CRECEMOS!



## Cuido mi material.

1 Miro y marco .

◯ SÍ ◯ NO

◯ SÍ ◯ NO

◯ SÍ ◯ NO

4

# ¿TE GUSTA EL MAR?

27

# MIS PALABRAS

1 Miro
y escucho .

2 Escucho y señalo . 28

3 Pego .

1 Miro y pego los animales.

2 Escucho y bailo . 29

# EL CÓMIC

1 Miro, escucho y señalo los animales. 30

## ¿Te gustan los cangrejos?

**1** Escucho y marco : ME GUSTA. 31

4

# Explora...

1 Miro y relaciono.

ANIMALES TERRESTRES

ANIMALES ACUÁTICOS

2 Dibujo mi animal acuático favorito.

# y practica

1 Recorto y juego.

# CON LAS MANOS

## Mural de animales marinos

1 Elijo  un animal.

2 Pinto  .

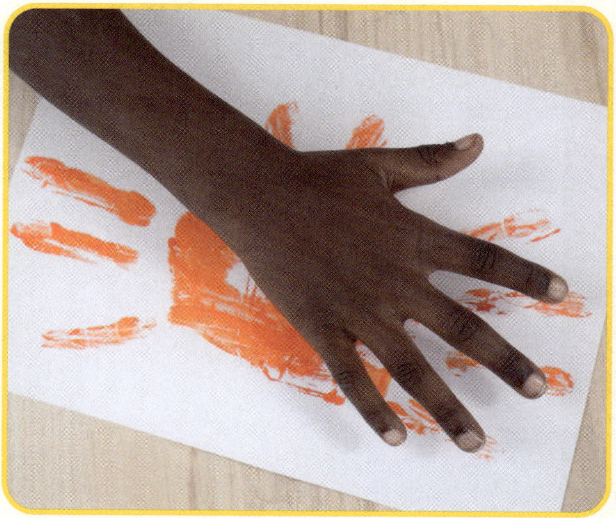

3 Dibujo 🖌 los ojos y la boca.

4 Recorto ✂.

5 El mural de los animales marinos de la clase.

# El animal más grande del mundo

**1** Miro, escucho y marco. 32

EL TIBURÓN BLANCO

LA BALLENA AZUL

**2** Miro, uno los puntos y coloreo.

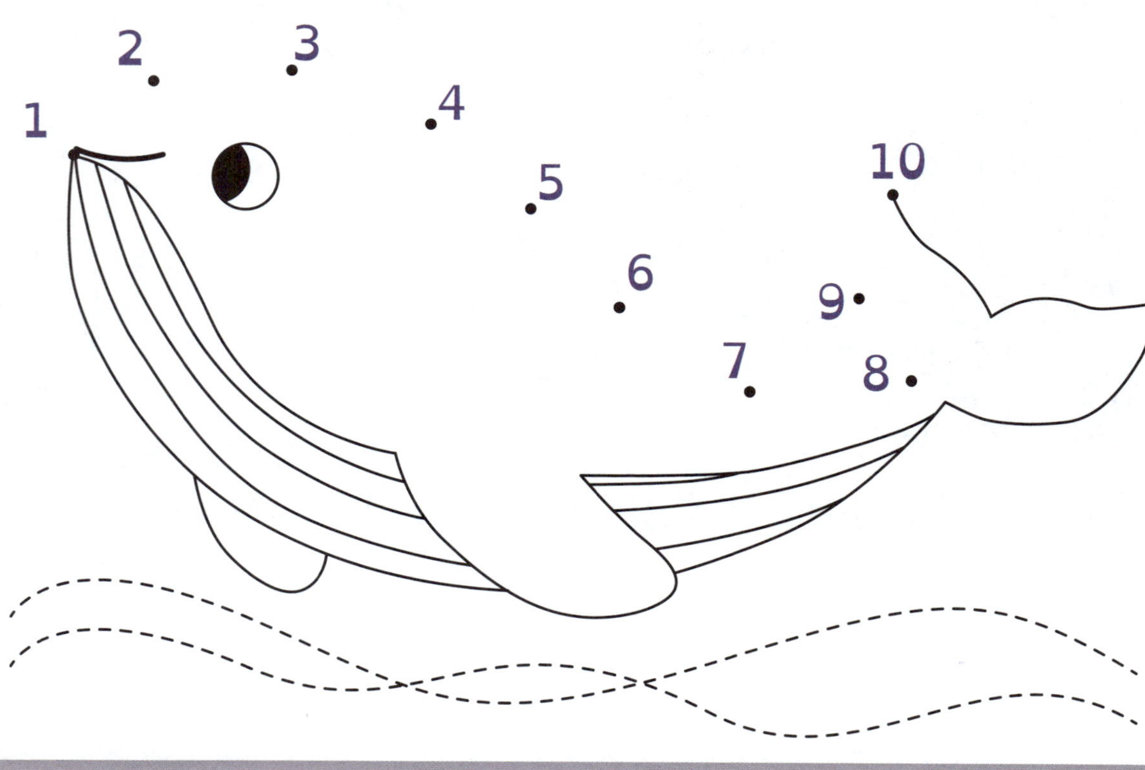

# ¡CRECEMOS!

No tiro basura al suelo.

1 Miro y pego .

①

②

③

④

LOLA y LEO

PASO A PASO

Inicial

# CUADERNO DE EJERCICIOS

# 1 1, 2, 3, ¡YA!

1 Juego en clase: ¿QUÉ NÚMERO ES?

2 Miro y pinto las hojas.

3 Miro, escucho y escribo. 33

4 Dibujo y coloreo mi cómic original.

5 Miro, escucho y canto en clase. 34

**6** Miro, escucho y señalo la edad. 35

1 2 3 4
5 6 7 8
9 10

**7** Dibujo, coloreo y presento mi cumpleaños.

TENGO
_______
AÑOS.

# MI COLOR FAVORITO

**1** Miro, escucho y escribo el número. 36

**2** Coloreo y hablo en clase.

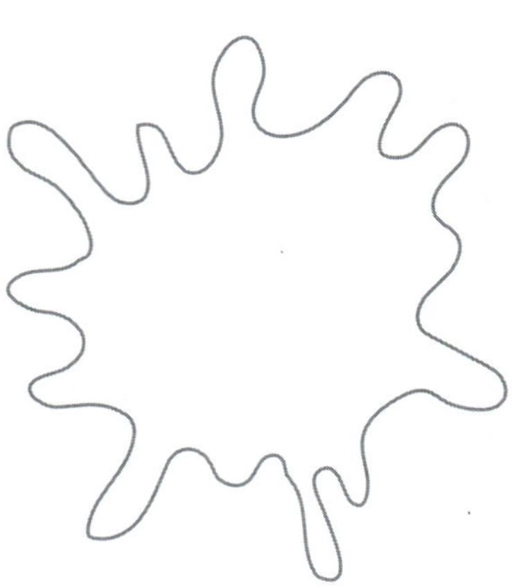

3 Miro, escucho y escribo el número. 37

4 Miro y coloreo la serie.

①

②

③

5 Miro, escucho y escribo el número. 38

6 Presento mi arcoíris.

7 Escucho y coloreo . 39

8 Dibujo , coloreo y presento mi bandera.

# 3 MI MOCHILA

1 Miro, escucho y escribo el número. 40

2 Repaso las líneas.

3 Escucho y pego la mitad que falta. 41

# Una sorpresa en la mochila

1

2

3

4

4 Escucho la canción y señalo el material. 42

5 Miro y juego.

6 Juego en clase.

# ¿TE GUSTA EL MAR?

1 Miro, escucho y marco. 43

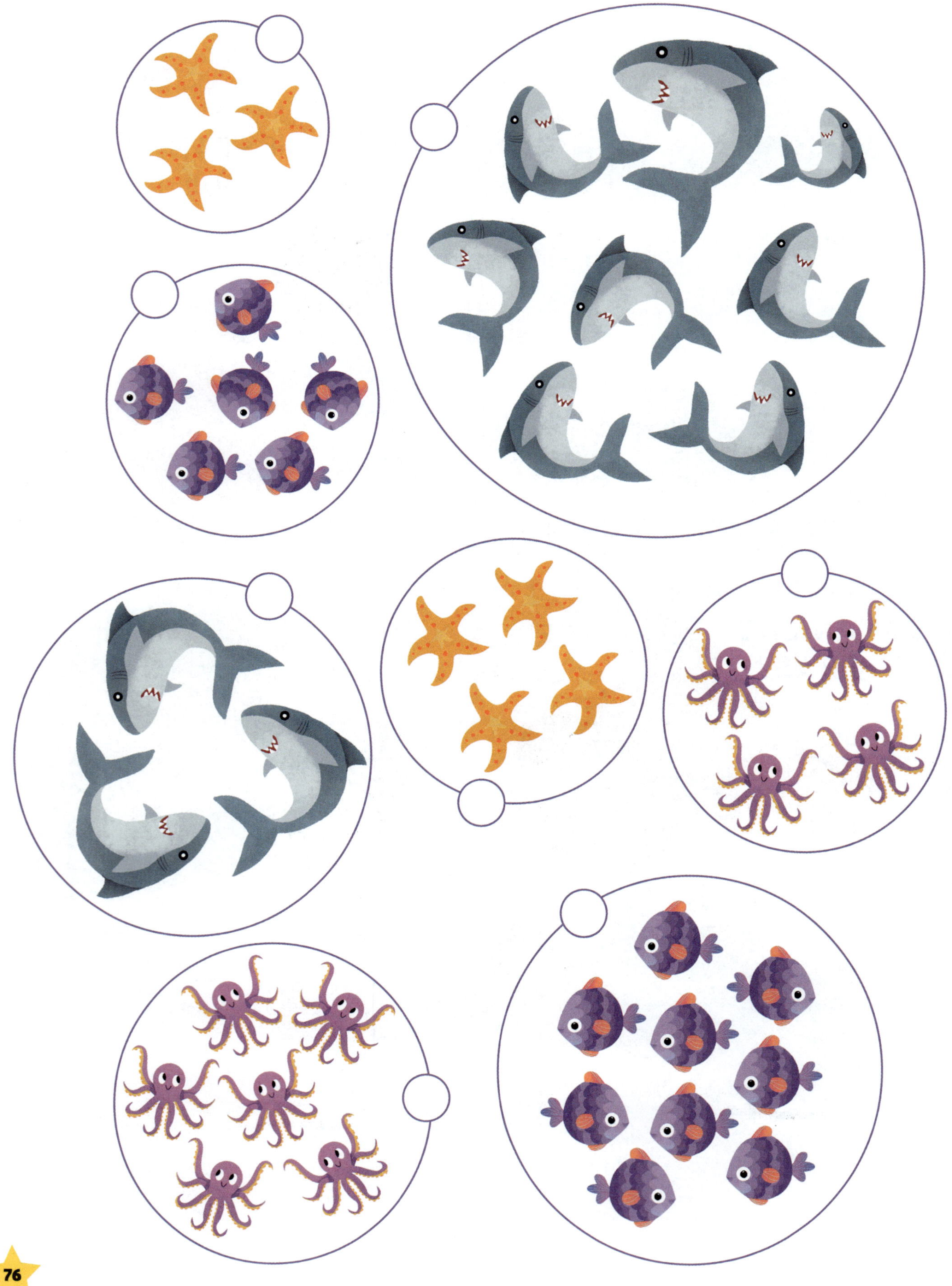

2 Miro, escucho y señalo las diferencias. 44

## ¿Te gustan los cangrejos?

3 Miro y coloreo de verde y rojo.

ME GUSTA NO ME GUSTA

| JUGAR | CANTAR | PEGAR | ESCUCHAR MÚSICA |
|---|---|---|---|
| PINTAR | ESCRIBIR | RECORTAR | HABLAR |

4 Creo el animal que me gusta y presento .

**5** Escribo, coloreo y presento.

YO

ME LLAMO

TENGO  AÑOS.

MI MOCHILA ES

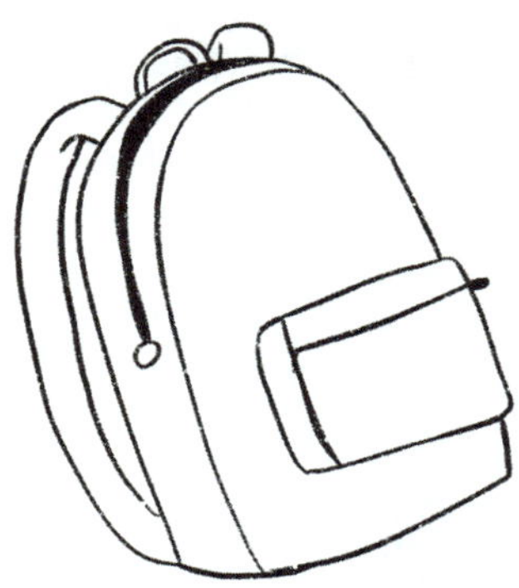

MI ANIMAL MARINO FAVORITO

ME GUSTA

NO ME GUSTA

# RE-COR-TA-BLES

Página 21

1 Recorto y juego .

Página 29

**1** Escucho, canto y recorto.

Página 31

2 Recorto , pregunto y coloreo .

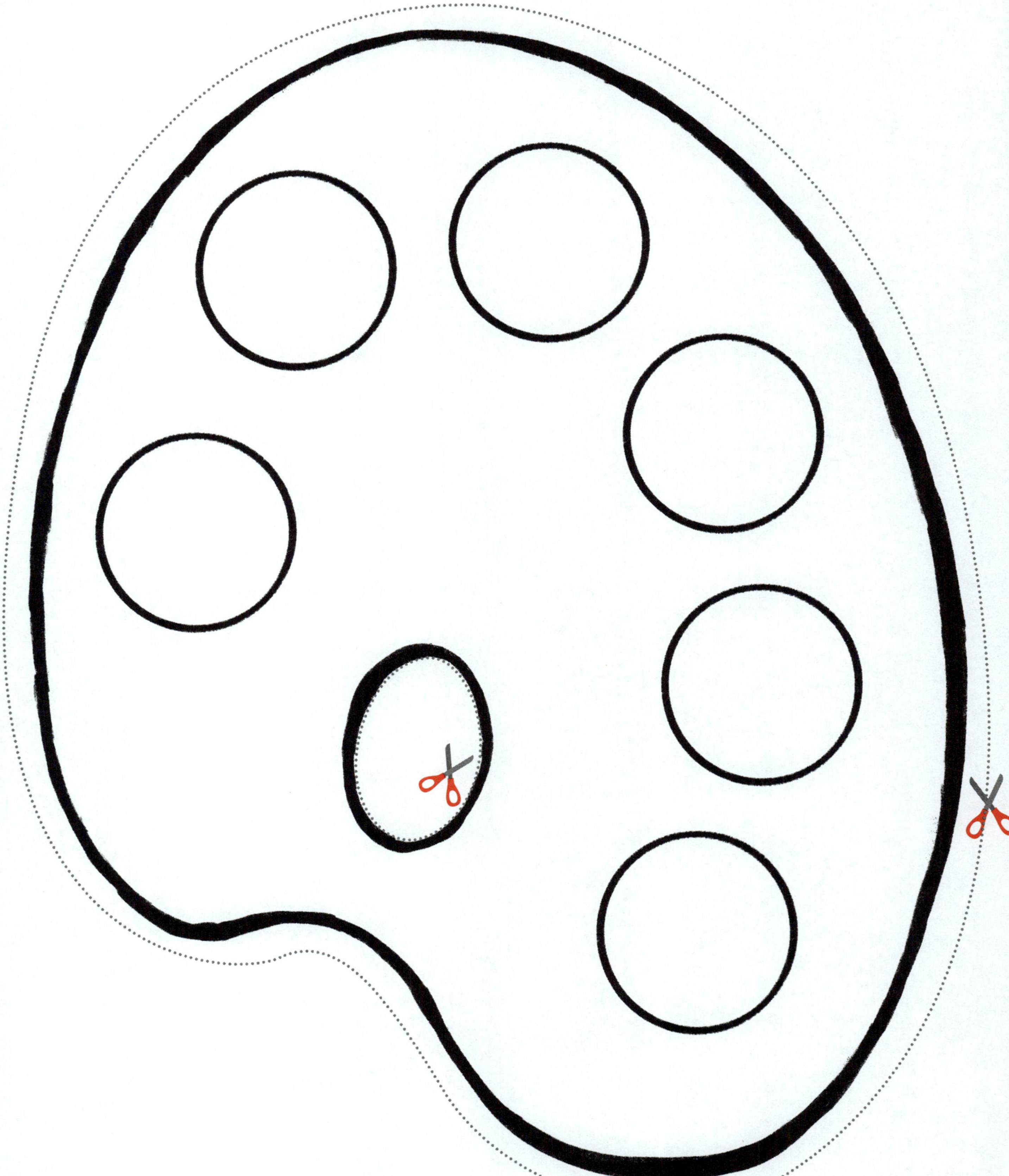

Página 46

1 Recorto y coloreo el color que falta.

Página 46

**2** Recorto y pego .

Página 46

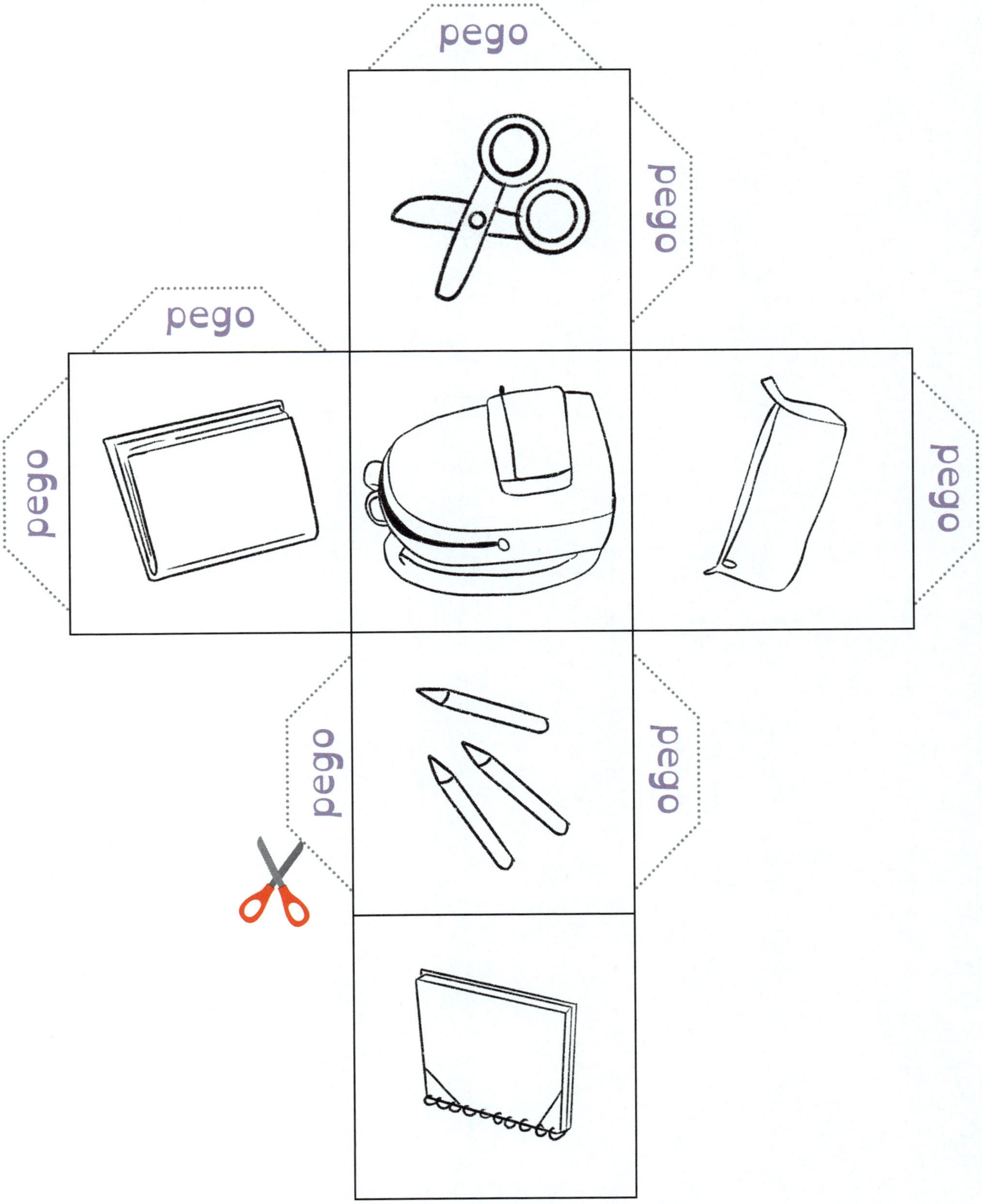

Página 57

1 Recorto y juego.

LOLA y LEO PASO A PASO Inicial

## ILUSTRACIONES

**Luna Lag**

**Excepto por**: **Cubierta**: Stanalin/Dreamstime.com, Sergei Sizkov/Dreamstime.com. **Elementos comunes en todas las unidades**: radenmas/iStockPhoto, Roberto Giovannini/Dreamstime.com, Anna Mikhaylova/Dreamstime.com, Hs3lzx/Dreamstime.com, eliflamra/iStockPhoto, Dmytro Kozyrskyi /Dreamstime.com, voinSveta/iStockPhoto. **U1**: p. 16 Onyxprj/Dreamstime.com. **U2**: p. 28 linusy/iStockPhoto; p. 33 Fireofheart/iStockPhoto; p. 36 Muhammad Fadlan/iStockPhoto, Aratehortua/iStockPhoto. **U3**: p. 44 Luseen/Dreamstime.com; p. 48 Lara2017/iStockPhoto, La japonesa. **U4**: p. 60 La japonesa. **U1 Cuaderno**: p. 64 Nadiinko/iStockPhoto, p. 67 Salamatik/iStockPhoto, Hulinska_Yevheniia/iStockPhoto. **U2 Cuaderno**: p. 71 khvost/iStockPhoto. **U4 Cuaderno**: p. 78 Tanyasun/iStockPhoto, p. 79 lushik/iStockPhoto.

## FOTOGRAFÍAS

**Tanais R. Rojas**

**Excepto por**: **U1**: p. 24 kali9/iStockPhoto, Juanmonino/iStockPhoto, Drazen Zigic/iStockPhoto, Stella/iStockPhoto, AzmanL/iStockPhoto, MentalArt/iStockPhoto. **U2**: p. 31 Photka/Dreamstime.com; p. 36 mofles/iStockPhoto, Glow Images/GettyImages, Mardoz /Dreamstime.com. **U3**: p. 44 Florin Cristian Ailenei/iStockPhoto; p. 48 Federico Uribe, Marjan_Apostolovic/iStockPhoto. **U4**: p. 56 jessicahyde/iStockPhoto, Damocean/iStockPhoto, Nynke van Holten/iStockPhoto, tane-mahuta/iStockPhoto, bbevren/iStockPhoto, Bjoern Wylezich/iStockPhoto, Antagain/iStockPhoto, GlobalP/iStockPhoto; p. 60 Philip Thurston/iStockPhoto, MR1805/iStockPhoto. **U1 Cuaderno**: p. 67 Terry Vine/GettyImages.

# PE-
# GA-
# TI-
# NAS

# 1

## Página 16

3 Pego.

1 2 3 4

5 6 7 8

9 10

## Página 25

2 Escucho y pego.

¡HOLA!

¡ADIÓS!

## Evaluación y autoevaluación.

ME GUSTA

ME GUSTA

¡SÍ PUEDO!

## Página 28

**3** Pego .

## Página 32

**1** Miro , escucho y pego .

## Evaluación y autoevaluación.

# 3

## Página 40

3 Pego .

## Página 43

1 Escucho , canto y pego .

Evaluación y autoevaluación.

Página 52

3 Pego .

Página 53

1 Miro y pego los animales.

# 4

## Página 61

**1** Miro y pego .

## Evaluación y autoevaluación.

ME GUSTA

ME GUSTA

¡SÍ PUEDO!

# CUADERNO DE EJERCICIOS

Página 73

3 Escucho y pego la mitad que falta.